BEI GRIN MACHT SICH IHR WISSEN BEZAHLT

- Wir veröffentlichen Ihre Hausarbeit, Bachelor- und Masterarbeit

- Ihr eigenes eBook und Buch - weltweit in allen wichtigen Shops

- Verdienen Sie an jedem Verkauf

Jetzt bei www.GRIN.com hochladen und kostenlos publizieren

Bibliografische Information der Deutschen Nationalbibliothek:

Die Deutsche Bibliothek verzeichnet diese Publikation in der Deutschen Nationalbibliografie; detaillierte bibliografische Daten sind im Internet über http://dnb.d-nb.de/ abrufbar.

Dieses Werk sowie alle darin enthaltenen einzelnen Beiträge und Abbildungen sind urheberrechtlich geschützt. Jede Verwertung, die nicht ausdrücklich vom Urheberrechtsschutz zugelassen ist, bedarf der vorherigen Zustimmung des Verlages. Das gilt insbesondere für Vervielfältigungen, Bearbeitungen, Übersetzungen, Mikroverfilmungen, Auswertungen durch Datenbanken und für die Einspeicherung und Verarbeitung in elektronische Systeme. Alle Rechte, auch die des auszugsweisen Nachdrucks, der fotomechanischen Wiedergabe (einschließlich Mikrokopie) sowie der Auswertung durch Datenbanken oder ähnliche Einrichtungen, vorbehalten.

Impressum:

Copyright © 2015 GRIN Verlag, Open Publishing GmbH
Druck und Bindung: Books on Demand GmbH, Norderstedt Germany
ISBN: 9783668514096

Dieses Buch bei GRIN:

http://www.grin.com/de/e-book/374204/das-konzert-der-grossmaechte-die-diplomatie-des-vorderen-orients-vom-16

Winfried Kumpitsch

Das Konzert der Großmächte. Die Diplomatie des Vorderen Orients vom 16. bis 12. Jahrhundert vor Christus

GRIN Verlag

GRIN - Your knowledge has value

Der GRIN Verlag publiziert seit 1998 wissenschaftliche Arbeiten von Studenten, Hochschullehrern und anderen Akademikern als eBook und gedrucktes Buch. Die Verlagswebsite www.grin.com ist die ideale Plattform zur Veröffentlichung von Hausarbeiten, Abschlussarbeiten, wissenschaftlichen Aufsätzen, Dissertationen und Fachbüchern.

Besuchen Sie uns im Internet:

http://www.grin.com/

http://www.facebook.com/grincom

http://www.twitter.com/grin_com

Inhaltsverzeichnis

I Grundlegendes 2
    1. Quellen 2
    2. Archive von Boghazköi 2
II. Geschichte der Großmächte im 2. Jahrtausend vor Christus 2
    1. 16. Jahrhundert 2
    2. 15. Jahrhundert 3
    3. 14. Jahrhundert 4
    4. 13. Jahrhundert 7
    5. 12. Jahrhundert 10
III. Literaturverzeichnis 11

I Grundlegendes

1. Quellen

Die El-Amarna Briefe in akkadischer Sprache aus den Archiven von Hut-Aten, Herrschaftszeit Amneophis III. (1413-1377) und des IV. (1377-1361). Die Texte teilen sich in Geschenksverzeichnisse, mythologische Texte, Zeichenlisten und Schreibübungen, Königsbriefe, Korrespondenz zwischen den Großmächten (Ägypten versagt beim Karawanenschutz, Assurs Aufstieg, Verhältnis Hatti-Ägypten noch positiv, Ägypten-Mitanni) und die Korrespondenz mit den syrischen Vasallen.[1] Insgesamt 44 Briefe.

2. Archive von Boghazköi

Neben rituellen, iuridischen und medizinischen Texten sind die politischen Korrespondenzen mit Ägypten, Babylon, Mitanni, Assur und den Vasallen von besonderer Bedeutung.[2]

II. Geschichte der Großmächte im 2. Jahrtausend vor Christus

1. 16. Jahrhundert

In Anatolien entstand unter Hattusili I. das Hethitische Großreich das binnen kurzer Zeit seinen Einfluss nach Nordsyrien ausbreitete.[3] Ab 1550 vertrieb die 18. Dynastie unter Kamose und später seinem Bruder Amosis die Hyksos aus Ägypten und sicherte das Gebiet bis Scharuhen. Von Gaza bis Karkemis unterwarfen sich die syrischen Städte freiwillig Ägypten.[4] Amenophis I. engagierte sich militärisch ausschließlich in Nubien, in Syrien schient es ruhig gewesen zu sein. 1531 plünderte, Hattusilis I. Nachfolger, Mursili I. Babylon, wurde aber kurz darauf ermordet.

---

[1] C. Kühne: *Die Chronologie der internationalen Korrespondenz von El-Amarna*. Neukirchen, 1973, Alter Orient und Altes Testament. Veröffentlichungen zur Kultur und Geschichte des Alten Orients und des Alten Testamentes Band 17 S. 1-16; O. Schroedner: *RlA* (1933) S. 62-68 s.v. Briefe S. 66
[2] A. Ungnad: *Keilschrifturkunden aus Boghazkoei*. 1923 S. 68-70
[3] J. Klinger: *Die Hethiter*. München, 2007 S. 35-38
[4] W. Helck: *Die Beziehungen Ägyptens zu Vorderasien im 3. und 2. Jahrtausend v.Chr*. Wiesbaden, 1971, 2. Auflage, Ägyptologische Abhandlungen Band 5 S. 113-115

In den folgenden Jahrzehnten wurde das Hethiterreich auf das Umland von Hattusa beschränkt, blieb aber weiterhin als ein Großreich anerkannt.[5] Nach dem Zuge Mursilis I. übernahmen in Babylon die, im verlauf des vergangenen Jahrhunderts eingewanderten, Kassiten die Macht, folgten aber den alten mesopotamischen Traditionen.[6]

Nach dem Tode Musrilis I. verdrängte der unter unklaren Bedingungen entstandene Staat von Mitanni[7], vom Haburdreieck ausgehend, die Hethiter aus dem syrischen Raum, wobei bei den Hethitern vom Kampf mit den "Hurri-Leuten" gesprochen wird.[8] Unter Suttarna I. begannen Mitanni den Ägyptern die nordsyrischen Städte abzuwerben. Dies führte zu Krieg mit Thutmosis I. der im Territorium von Karkemis am mittleren Euphrat scheinbar heftige Abwehrkämpfe führte.[9]

2. 15. Jahrhundert

Unter Hatschepsut kam das ägyptischen Engagement in Syrien zum erliegen und man wandte sich Punt und den Traditionen des Mittleren Reiches zu.[10] In dieser Zeit begann, mit dem um 1500 an die Macht gekommen, Telepinu I. im Reich der Hethiter eine Phase der Konsolidierung.[11] Bevor Hatti aber wieder in Syrien aktiv werden konnte musste das zu Beginn des 15. Jh. Ebenbürtige, und mit Mitanni verbündete,[12] Kizzuwatna unter hethitischen Einfluss gebracht werden,[13] was endgültig erst unter Suppiluliuma I. gelingen sollte.[14] Daher war für Ägypten bedrohlicher, dass es, vermutlich unter König Parrattarnar, Mitanni gelang die syrischen Städte bis Megiddo unter Kontrolle zu bringen.[15] In dieser Situation übernahm Thutmosis III. die Macht, nach einem Putsch gegen Hatschepsut, und ging zur Rückeroberung Syriens über, wobei er in seinem 8. Feldzug sogar den Euphrat überschritt und ohne mitannsichen Widerstand bis Emar plünderte.[16]

---

[5] Klinger, 2007 S. 42
[6] J.A. Brinkmann: *RIA* 5 (1976-1980) S. 467 s.v. Kassiten
[7] G. Wilhelm: *RIA* 8 (1993-1997) S. 291 s.v. Mitan(n)i. A
[8] Wilhelm (1993-1997) S. 291
[9] Helck 1971 S. 116
[10] Helck 1971 S. 116
[11] Klinger, 2007 S. 42
[12] Wilhelm (1993-1997) S. 294
[13] Klinger, 2007 S. 48
[14] Hakim, 1987 S. 15-16
[15] Wilhelm (1993-1997) S. 293
[16] W. Mayer: *Politik und Kriegskunst der Assyrer*. Münster, 1995, Abhandlungen zur Literatur Alt-Syrien-Palästina und Mesopotamiens Band 9 S.174; Wilhelm (1993-1997) S. 293

Hierauf nahm Assur-sadunis, im 24., 33. und 40. Jahr des Thutmosis III., diplomatischen Kontakt mit Ägypten auf,[17] da erst wieder Assur-nadin-ahhe II. diplomatische Aktionen zugeschrieben werden,[18] so ist anzunehmen, dass es kurz darauf unter mitannische Kontrolle gefallen war.[19] Die Großmächte waren, besonders in Syrien und Palästina, darum bemüht, zwischen sich und den anderen Großreichen, einen Gürtel aus Pufferstaaten anzulegen.[20]

In Syrien gingen die Kämpfe unter Pharao Amenophis II. und Saustatar von Mitanni weiter, wobei die Ägypter stetige Gebietsverluste hinnehmen mussten. Zu ersten Friedensbestrebungen kam es von Seiten Mitannis als Aleppo zu den Hethitern, die kurzzeitig Kizzuwatana eingegliedert und damit wieder Zugang nach Nordsyrien hatten, überlief, und sich die Hethiter nun anschickten in Syrien erneut Gebiete zu erobern. Als es Mitanni aber gelang Hattusili II. abzuwehren, bedurfte der, inzwischen an die Macht gekommene, Thutmosis IV. aller diplomatischen Kunstgriffe um Aratama I. von Mitanni zu einem Friedensschluss zu bewegen. Dieser wurde mit der Hochzeit mit einer mitannischen Prinzessin besiegelt.[21] Damals bildete bereits ungefähr die Linie Ugarit-Kadesch die Grenze zwischen den beiden Reichen![22] In der Folge nahm Assur wieder diplomatischen Kontakt mit Ägypten und anderen Staaten auf. Zwischen Ägypten und Mitanni verbesserten sich die Beziehungen so weit, dass Suttarna II. die Tür des Tempels der Istar von Nininve als Geschenk sandte, wie auch später sein Sohn Tusratta,[23] und seine Tochter Kiluhepa dem Amenophis III. zur Frau gab.[24]

3. 14. Jahrhundert

Nach dem Tode Suttarnas II. kam es in Mitanni zu Thronwirren und sein Sohn Tusratta gelangte an die Macht. Im Zuge dieser Wirren brach einerseits der Kontakt mit Ägypten ab, andererseits verbündete sich ein gewisser Artatama (II.) mit Suppiluliuma I. um den Thron in Mitanni zu erhalten.

---

[17] Mayer, 1995 S. 181
[18] Mayer, 1995 S. 183-184
[19] Helck, 1971 S. 167; Mayer, 1995 S. 173, S. 178
[20] Mayer, 1995 S. 179
[21] Helck, 1971 S. 163-164
[22] Wilhelm (1993-1997) S. 294
[23] Mayer, 1995 S. 177
[24] Helck, 1971 S. 167-168; Wilhelm (1993-1997) S. 294

Dieser erste Versuch Suppiluliumas I., der mit einer babylonischen Prinzessin verheiratet war,[25] Gebiete in Syrien zu erobern scheiterte nicht nur militärisch sondern, führte auch zur Wiederaufnahme der kurzzeitig abgebrochenen ägyptisch-mitannischen Beziehungen und der Heirat der Tochter des Tusratta, Taduhepa, mit Amenophis III.[26] Amenophis III. verlor zwar Rückhalt in Palästina unterhielt aber gute diplomatische Beziehungen zu den großen Mächten, wie die ablehnende Reaktion des Kurigalzu I. von Babylon auf die Bitte einiger palästinensischer Fürsten, sie bei einer Revolte gegen Ägypten zu unterstützen, zeigte.[27] Für seinen zweiten Versuch unternahm Suppiluliuma I. größere diplomatische Vorbereitungen, dabei spielte ihm in die Hände, dass in Syrien die Loyalität der Stadtstaaten zu Ägypten äußerst brüchig war.[28] Im König Abdi-Asirta von Amurru und dessen Söhnen, besonders dem ältesten Sohn, Azir, fand Suppiluliuma I. eifrige Verbündete für den kommenden Krieg gegen Ägypten. Zunächst wechselte aber auch Ugarit, als der Druck des mitannitreuen Nuhasses zu groß wurde, zu den Hethitern.[29]

Im Krieg Suppiluliumas I. gegen Amenophis IV. waren die Allianzen der syrischen Stadtfürsten einem ständigem Wechsel unterworfen.[30] In Mitanni veränderte die Ermordung des Tusratta und die Krönung des Artatama (II.) die politische Landschaft. Artatama II. und sein Sohn Suttarna III. brachen mit Suppiluliuma I. als dieser Sattiwaza, den Sohn des ermordeten Tusratta, bei sich aufnahm. Ob Assur sich, gemeinsam mit Alse, in dieser Situation wieder größere politische Freiheit verschafft hatte, oder sie bereits zuvor erhielt ist unklar. Jedenfalls erscheinen Assur und Alse im Vertrag Sattiwazas mit Supiluliuma als Bündnispartner von Atratama II. und Suttarna III..[31] Wie in diese Konstellation die Pfählung der mitannischen Edlen vor Taide unter Assur-uballit I. während des mitannischen Thronkrieges passt ist unklar.

---

[25] Klinger, 2007 S. 101
[26] Helck, 1971 S. 168
[27] Helck, 1971 S. 165
[28] Helck, 1971 S. 175
[29] Helck, 1971 S. 175
[30] Helck, 1971 S. 179
[31] A. Harrak: *Assyria and Hanigalbat. A Historical Reconstruction of Bilateral Relations from the Middle of the Fourteenth to the End of the Twelfth Centuries B.C.* Hildesheim, 1987, Texte und Studien zur Orientalistik Band 4 S. 15; E. F. Weidner: *Politische Dokumente aus Kleinasien. Die Staatsverträge in akkadischer Sprache aus dem Archiv von Boghazköi. Zwei Teile in einem Band.* Hildesheim, 1970 S. -57

Die Zunahme an politischer Selbstständigkeit Assurs zeigt die diplomatische Korrespondenz Assur-uballit I. mit Amenophis IV.[32] Währenddessen kämpften in Syrien Suppiluliuma I., mit Bündnispartner Kadesch gegen die Allianz Artatama II., mit Bündnispartner Karkemis und Tutenchamun, mit Bündnispartner Akam. Kurzzeitig schien ein ägyptisch-hethitischer Frieden hergestellt werden zu können als Tutenchamun´s Witwe um die Übermittelung eines hethitischen Prinzen bat, da Suppiluliuma I. aber zu lange zögerte wurde sein Sohn Zannanza vom ägyptischen Befehlshaber Haremheb abgefangen und getötet. Der daraufhin begonnene Rachezug des Suppiluliuma I. brachte scheinbar eine damals grassierende Seuche nach Hatti, an der auch Suppiluliuma I. und sein Nachfolger Arnuwanda II. verstarb [33]: In Mitanni wurde Sattiwaza zwar von Suppiluliuma I. auf den Thron gebracht, wurde aber als König vom nunmehr als Hanigalbat bezeichneten Mitanni zum hethitischen Vasallen degradiert und verlor alle mitannischen Besitzungen westlich des Euphrat an Hatti[34] und östlich des Haburdreieckes durch die militärischen Aktionen Assurs.[35] Assur-uballit I. verwendete nicht nur den gebräuchlichen Titel *"sar mat Assur"* also "König von Assur" sondern nannte sich auch in weiterer Folge seiner Korrespondenz mit Amenophis IV. "sarru rabu ahuka" also "der große König, dein Bruder".[36]

Nach dem Tode Suppiluliumas I. und Arnuwandas II. übernahm Mursili II. den Thron und es kam zu einem Aufstand der Vasallen der aber rasch niedergeworfen werden konnte.[37] Der Rang Assurs hatte sich also von einem Regionalkönig zu dem einer respektierten Großmacht verbessert. Die gestiegene Bedeutung Assurs kann man auch an den Aktionen Assur-uballits I. in Babylon sehen. Nicht nur gab er seine Tochter Muballitat-Serua dem Kronprinz Karaindas, dem Sohne Burnaburias II., zur Frau, als deren Sohn Kadasman-Harbe II. gestürzt wurde intervenierte Assur-uballit I. 1336 militärisch und setzte seinen Urenkel Kurigalzu II. ein.[38]

---

[32] Hakim, 1987 S.38-39; Mayer, 1995 S. 180; S. 185-186; Im Zusammenhang mit dieser Korrespondenz muss der Brief Burnaburias II. von Babylonien erwähnt werden der gemeinhin als Ausdruck babylonischen Oberhoheitsdenkens über Assyrien gedeutet wird. z.B. Hakim, 1987 S. 40; Dem widersprechend Mayer, 1995, S. 189 indem er den Brief auf assyrische Handelsniederlassungen in Babylon bezieht die sich als von Babylon entsandt ausgeben.
[33] Klinger, 2007 S. 59-61
[34] Weidner, 1970 S. 3-57
[35] Klinger, 2007 S. 60; Mayer, 1995 S. 185
[36] Mayer, 1995 S. 185
[37] Klinger, 2007 S. 95-96
[38] J. A. Brinkmann: *Materials and studies for Kassite History. Vol 1. A Catalouge of cuneiform sources pertaining to specific monarchs of the Kassite dynasty.* Chichago, 1976 S. 207-208; Hakim, 1987 S. 50; Mayer, 1995 S. 187-188

Kurigalzu II. von Babylon führte einen kurzen Krieg gegen Enlil-nerari von Assur an dessen Ende der babylonische Distrikt Sasili zwischen Assur und Babylon aufgeteilt wurde.[39] Wesentlich erfolgreicher waren die Feldzüge des Kurigalzu II. gegen Elam.[40] Nach Beendigung des Krieges zwischen Ägypten und den Hethitern putschte Harmheb, im folgte die Etablierung der 19. Dynastie.

Von 1318-1316 versuchte Nuhasse Karkemis zu erobern und brachte sogar Kadesch dazu sich von den durch die Seuche geschwächten Hethitern abzuwenden. Mursili II. gelang es aber Kadesch zurückzuerobern und im Anschluss Karkemis gegen einen Expansionszug Assur-uballit I. zu sichern.[41] Arik-den-ili nannte sich als erster assyrischer König auch in seinen Inschriften "König von Assyrien". Unter seiner Herrschaft eroberte Assur die Bergregionen des assyrischen Hinterlandes und es begann der Konflikt mit den ersten aramäischen Nomaden. Arik-den-ili vermied aber die Konfrontationen mit einer der Großmächte oder Hanigalbat.[42] Die Versuche Sethos I. das ägyptische Territorium in Syrien zu sichern führten sogar zur kurzzeitigen Kontrolle über Kadesch.

4. 13. Jahrhundert

1305 übernahm in Assur Adad-nerari I. die Königswürde, sein erfolgreicher Feldzug gegen Nazimaruttas von Babylon und der Friedensvertrag diente später Tukulti-Ninurta als propagandistische Rechtfertigung für seine Handlungen.[43] Um 1290 traten Ramses II. in Ägypten und in Hattusa Muwatalli II. die Herrschaft an. Der Abfall Amurrus zu Ägypten brachte den Anlass für ausgedehnte Kampfhandlungen deren Höhepunkt die Schlacht von Kadesch 1285 bildete. Da Adad-nerari I. während dieses Krieges seine Feldzüge gegen Hanigalbat unter Wasasatta, Sohn des Jahre zuvor tributpflichtig gemachten Sattuara I., unternahm, konnten die Hethiter keine Hilfe senden sondern nur diplomatisch dagegen protestieren.[44]

---

[39] Brinkmann, 1976 S. 208; Mayer, 1995 S. 190
[40] Mayer, 1995 S. 192
[41] Hakim, 1987 S. 59; Helck, 1971 S. 189-190
[42] Mayer, 1995 S. 190
[43] Mayer, 1995 S. 196-197
[44] Mayer, 1995 S. 198

Der Großteil des Haburdreieckes fiel an Assur, der Rest wurde durch assyrische Plünderungen stark entvölkert.[45] Am Königshof in Hattusa reagierte man zunächst verstimmt auf diese Gebietsverluste und wies das Ansinnen Adad-neraris I. auf eine "Brüderliche" Begegnung schroff ab.[46] Aber in einem Vertrag mit Alaksandus von Wilusa bezeichnet Muwatalli II. den König von Assur als Großen aber auch als potentiellen Feind.[47] Hattusili III. korrespondiert bereits in einem kühlen aber höflichen Stil, wenn auch vermutlich um vor Abschluss eines Friedens mit Ägypten keinen großen Krieg zu provozieren.[48] Zwischen den Großreichen gehörte es zum guten Ton einem neuen Herrscher anlässlich seines Herrschaftsantrittes Geschenke zu übermitteln.[49]

Wann genau der Waffenstillstand zischen Ägypten und Hatti ausgehandelt wurde ist unklar. Jedenfalls kam es 1280/78, nach der Usurpation Hattusilis III. und der Flucht Uri-Tesups nach Ägypten, erneut zu Spannungen, in deren Verlauf Hattusili mit Kadasman-Turgu von Babylon eine Allianz gegen Ägypten schloss. Als dessen Nachfolger Kadasman Ellil II. 1273 wieder Kontakt mit Ägypten aufnahm protestierte Hattusili III. zwar dagegen, akzeptierte es aber schlussendlich als innerbabylonische Angelegenheit.[50] 1272 dann kam es zum Abschluss des ägyptisch-hethitischen Friedensvertrages und 1256 zur Heirat von Ramese II. mit einer Tochter Hattusilis III.

Im Vertrag wurden die Grenzen zur Zeit Suppiluliumas ausgemacht; Upe und Simyra wurden unter ägyptischer Kontrolle gestellt, Kadesch verbleib bei Hatti.[51] Die ägyptisch-hethitischen Beziehungen blieben bis zum Ende des Hethiterreiches freundlich, so wird der Fund eines Schwertes mit Kartusche des Mernephtah als ägyptische Unterstützung für Ugarit gegen die Seevölker gedeutet.[52] Salmansar, Sohn des Adad-nerari I., führte, den Vernichtungsschlag gegen Hanigalbat und errichtete dort ein Vizekönigtum. Das entvölkerte Land wurde aber zum Siedlungsgebiet für die langsam einsickernden Aramäer. Gegen den Kriegszug kam aus Hattusa nur schwacher Protest, scheinbar beschränkten sich die Hethiter, wie davor bereits Ägypten, auf die Gebiete westlich des Euphrat.[53]

---

[45] Hakim, 1987 S. 114
[46] Mayer, 1995 S. 200
[47] Mayer, 1995 S. 201
[48] Klinger, 2007 S. 109; Mayer, 1995 S. 201
[49] Hakim, 1987 S. 102
[50] Brinkmann, 1976 S. 163; Helck, 1971 S. 214
[51] Helck, 1971 S. 219
[52] Helck, 1971 S. 223
[53] Mayer, 1995 S. 203-208

Salmansar I. vernichtete zwar Hanigalbat unter Sattuara II., unterhielt danach aber, trotz diverser Spannungen, gute Beziehungen zu Hattusili III. [54] und seinem Nachfolger Tudhalija IV. weshalb er es vermied den Euphrat zu überschreiten oder mit den hethitischen Vasallen Alse, Isuwa oder Malatya in Konflikt zu geraten.[55]

Welche politischen Einfluss die Handelsbeziehungen des Wesirs Babu-aha-iddina nach Syrien auf diese Friedenspolitik hatten ist unklar, in den ersten Jahren Tukulti-Ninurtas gilt der Wesir zumindest als vernünftiger Ansprechpartner.[56] Eine andere Politik schlug Tukulti-Ninurta ein. Kurze Zeit nach seinem Herrschaftsantritt fiel er in Alse und Isuwa ein.[57]

Dies konnte Hattusa nicht tolerieren und es kam zum Krieg, der sich aber bald in einen lokalen Grenzkrieg mit Plünderungen beidseits des Euphrat verlor.[58] Allerdings versandte Tukulti-Ninurta an die syrischen Vasallen der Hethiter Berichte über seine Erfolge um sie zum Abfall zu bewegen.[59] Wie ernst Tuthalija IV. daher die Assyrer nahm zeigt der Vertrag mit Sausgamur von Amurru und dem darin enthaltenen Handelsverbot für Assyrer und das Durchreiseverbot für Ahhijawa-Kaufleute.[60] Ob Tuthalija IV. mit der Aufnahme des Titels "sar kissati" also "König der Gesamtheit" in die hethitische Königstitulatur auch die damit verbundene Ideologie übernahm ist unklar.[61]. Um einen Mehrfrontenkrieg zu vermeiden fiel Tukulti-Ninurta in Babylon ein besiegte Kastilias IV. und nahm das babylonische Staatsgebiet in sein Reich auf.[62] Dass auch Tukulti-Ninurta diesen Präventionskrieg als ein Verbrechen ansah zeigt sein Bemühen sich im Epos zu rechtfertigen.[63] Gegen Ende von Mernephtahs Herrschaft kollabierte dann Hatti.

---

[54] Die Ansicht der latenten Feindschaft zwischen Hatti und Assur in dieser Zeit vertritt Hakim, 1987 S.180-181.
[55] Mayer, 1995 S. 203-208
[56] Mayer, 1995 S. 208
[57] Mayer, 1995 S. 210; Hakim, 1987 S. 185-187 datiert diesen Überfall in die Regierung Salmansars I..
[58] Mayer, 1995 S. 211
[59] Mayer, 1995 S.
[60] Mayer, 1995 S. 212
[61] Mayer, 1995 S. 212
[62] Brinkmann, 1976 S. 135, S. 313
[63] Mayer, 1995 S. 213-217

5. 12. Jahrhundert

Ägypten musste sich nun gegen die Seevölker wehren deren erste Welle aus dem Westen im Verbund mit dem König von Libyen angriff und 30 Jahre später zur See und über den palästinischen Raum eindrang. Ramses III. konnte aber in einer unlokalisierten Landschlacht und in der Schlacht im Nildelta die Seevölker abwehren. In Babylon stürzte 1160 die Kassitendynastie und Mesopotamien verfiel, mit Ausnahme einer kurzen Blüte unter der Dynastie von Isin II, der politischen Machtlosigkeit.[64] In der Folgezeit entwickelte sich Assur, trotz einer fast ein Jahrhundert dauernden Schwächephase, unter Tiglat-Pilesar I. und dem folgenden Neuassyrischen Reich zur beherrschenden Macht.[65] Inzwischen versuchten die Ramesiden in Ägypten die zahlreichen im syrischen Raum eingewanderten Nomaden und die sich niedergelassenen Seevölker, wie z.B. die Philister, unter ägyptischer Herrschaft zu halten. Aber die Nomaden und Seevölker erwiesen sich gegen die Eingliederungsversuche resistent und der ägyptische Einfluss wurde immer weiter zurückgedrängt.[66]

---

[64] Mayer, 1995 S. 217-218
[65] Mayer, 1995 S. 235-45
[66] Helck, 1971 S. 229-234

III. Literaturverzeichnis

H. P. von Adler: *Das Akkadische des Königs Tušratta von Mitanni.* 1968

J. A. Brinkmann: *Materials and studies for Kassite History. Vol 1. A Catalouge of cuneiform sources pertaining to specific monarchs of the Kassite dynasty.* Chichago, 1976

J.A. Brinkmann: *RIA* 5 (1976-1980) S. 464-473 s.v. Kassiten

A. Harrak: *Assyria and Hanigalbat. A Historical Reconstruction of Bilateral Relations from the Middle of the Fourteenth to the End of the Twelfth Centuries B.C.* Hildesheim, 1987, Texte und Studien zur Orientalistik Band 4

W. Helck: *Die Beziehungen Ägyptens zu Vorderasien im 3. und 2. Jahrtausend v.Chr.* Wiesbaden, 1971, 2. Auflage, Ägyptologische Abhandlungen Band 5

J. Klinger: *Die Hethiter.* München, 2007

C. Kühne: *Die Chronologie der internationalen Korrespondenz von El-Amarna.* Neukirchen, 1973, Alter Orient und Altes Testament. Veröffentlichungen zur Kultur und Geschichte des Alten Orients und des Alten Testamentes Band 17

W. Mayer: *Politik und Kriegskunst der Assyrer.* Münster, 1995, Abhandlungen zur Literatur Alt-Syrien-Palästina und Mesopotamiens Band 9

O. Schroedner: *RIA* (1933) S. 62-68 s.v. Briefe

A. Ungnad: *Keilschrifturkunden aus Boghazkoei.* 1923 S. 68-70

E. F. Weidner: *Politische Dokumente aus Kleinasien. Die Staatsverträge in akkadischer Sprache aus dem Archiv von Boghazköi. Zwei Teile in einem Band.* Hildesheim, 1970

G. Wilhelm: *RIA* 8 (1993-1997) S. 286-296 s.v. Mitan(n)i. A

BEI GRIN MACHT SICH IHR WISSEN BEZAHLT

- Wir veröffentlichen Ihre Hausarbeit, Bachelor- und Masterarbeit

- Ihr eigenes eBook und Buch - weltweit in allen wichtigen Shops

- Verdienen Sie an jedem Verkauf

Jetzt bei www.GRIN.com hochladen und kostenlos publizieren